KB189599

깊은 몰입을 위한 필사책

깊은 몰입을 위한
필사책

황동문 지음

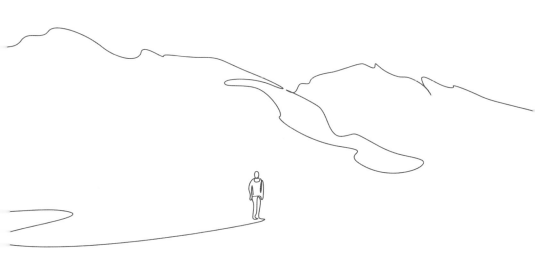

RHK
알에이치코리아

이 책의 사용법

1   필사하며 산만한 마음을 가라앉히자.
    필사는 몰입을 돕는 최고의 준비 운동이다.

✦ 001

서서히 다가오는 죽음에 대하여 내가 할 수 있는 최선은
살아 있는 동안 가장 삶다운 삶을 사는 것이다.
죽음과 크게 다르지 않은, 살아도 산 것 같지 않은,
죽지 못해서 살아가는 삶이 아니라
죽음과 가장 반대되는 삶을 살아야 하는 것이다.
하루하루가 생동감 넘치고 삶의 희열로 꽉 찬,
그리고 작지만 내가 가진 모든 능력을
최대로 발휘하는 그러한 삶을 살아야 하는 것이다.
왜냐하면 살아 있음이 나의 유일한 기회이기 때문이다.

황농문, 「몰입 확장판」,
알에이치코리아, 2024년, 273쪽.

2 　몰입한 후에는 오늘의 몰입을 기록할 수 있도록 구성되었다.
　몰입한 시간과 강도를 기록해 보며 점차 시간을 늘리고 강도를
　높여볼 수 있다.

3 　몰입하며 떠올린 생각과 아이디어 혹은 느꼈던 감정을
　자유로이 기록해 보자.

DATE　25 . 3 . 4

서서히 다가오는 죽음에 대하여 내가 할 수 있는 최선은

살아 있는 동안 가장 삶다운 삶을 사는 것이다.

죽음과 크게 다르지 않은, 살아도 산 것 같지 않은,　　　　●——— 1

죽지 못해서 살아가는 삶이 아니라

죽음과 가장 반대되는 삶을 살아야 하는 것이다.

하루하루가 생동감 넘치고 삶의 희열로 꽉 찬,

그리고 작지만 내가 가진 모든 능력을

최대로 발휘하는 그러한 삶을 살아야 하는 것이다.

왜냐하면 살아 있음이 나의 유일한 기회이기 때문이다.

몰입한 시간　20 : 00 ~ 23 : 00　총 3 시간　몰입도 약 ——————◆——— 강　●——— 2

소감 및 아이디어

처음에는 5분만 몰입하는 것도 어려웠는데, 이제는 한 시간도

거뜬하고 오늘은 3시간 동안 몰입했다. 3시간 동안 몰입한 결과,　　●——— 3

일주일 내내 고민했던 문제를 해결할 수 있었다! 답이 떠오른 순간

느꼈던 성취감과 기쁨은 절대 잊지 못할 것이다.

쓸수록 선명해지는
자기 혁명을 경험하라!

『몰입 확장판』을 출간하고, 언론이나 유튜브 인터뷰에서 가장 많이 받았던 질문은 이것이었다.

"몰입을 해야 하는 이유가 무엇인가요? 어떻게 하면 좀 더 쉽게 몰입할 수 있을까요?"

우리가 몰입을 해야 하는 궁극적인 이유는 하나밖에 없는 소중한 삶의 기회를 놓치지 않기 위해서다. 이 우주를 경험할 수 있는 유일한 기회이기 때문에, 매 순간의 경험이 내 삶의 일부와 바꾸는 행위임을 항상 기억하고 그럴 가치가 있는지 끊임없이 자문해야 한다.

사람들에게 앞으로 남은 인생을 어떻게 살 것인지 물어보면 보통 2가지 반응으로 나뉜다. 첫째는 '하나밖에 없는 삶이니 원없이 놀자'

이고, 둘째는 '하나밖에 없는 삶이니 내가 가진 모든 것을 다 불태우자'다. 대다수가 이 두 개는 서로 반대되는 개념이고 양립되지 않는다고 생각하지만 그 반대다. 몰입을 하면 둘 다 충족할 수 있다.

몰입은 인간이 할 수 있는 최대의 집중이다. 몰입한 채로 계속 생각하고 집중하면 우리의 뇌에서는 시냅스가 다량으로 활성화된다. 시냅스가 활성화될수록 신경전달 물질이 많이 나오고, 생각하는 것이 즐겁게 느껴진다. 동시에 자신의 능력을 극대화할 수 있는 상태에 도달한다. 즉, 몰입은 빈 곳이 없이 꽉 찬 삶을 살아가게 되는 삶의 방식인 것이다.

어떻게 하면 사람들이 좀 더 쉽게 몰입할 수 있을지는 나의 오래된 난제였다. 그래서 『몰입 확장판』을 집필하면서 개개인의 상황에 맞춰 몰입할 수 있는 최적의 방법을 고안해 전면 수정했다. 수년간의 시행착오 끝에 단계별 지침이 아닌, 시간과 강도를 기준으로 삼아 '약한 몰입'과 '강한 몰입' 2가지로 나눠 각각 3단계씩 총 6단계로 정리했다. 하지만 이렇게 했음에도 불구하고 숏츠와 핸드폰 분리불안증, 생활 소음들로 인해 여전히 몰입하기를 어려워하는 이들이 많다.

슬로싱킹에 의한 몰입은 쉬는 듯 천천히, 깊이, 오랫동안 생각하는 명상적 사고다. 필사 또한 일종의 명상적인 행위로, 마음을 가라앉히는 데 도움을 준다. 내용을 곱씹으며 필사하는 행위는 수많은 시냅스를 활성화시켜 몰입을 유도한다. 필사하다가 잠시 멈춰 해당 내용에 대해서 슬로싱킹을 해도 좋다. 이처럼 'Stop and Think' 잠시 멈춰 생각하는 것을 습관화하자.

나는 평소에도 강연이나 인터뷰에서 삶을 불태워 위대한 업적을 남긴 위인들의 말을 자주 인용하곤 한다. 가령 스티브 잡스는 스탠퍼드대학 졸업식에서 "곧 죽을지도 모른다는 사실을 명심하는 것이 가장 중요한 도구가 된다"고 이야기했다. 이어서 "외부의 기대, 각종 자부심과 자만심, 수치스러움과 실패에 대한 두려움들은 '죽음'을 직면해서는 모두 떨어져 나가고, 오직 진실로 중요한 것들만 남기 때문이다"고 말하며 청중에게 깊은 통찰을 남겼다. 톨스토이 또한 본인의 저서에서 "죽음을 망각한 생활과 죽음이 시시각각으로 다가옴을 의식한 생활은 두 개가 서로 완전히 다른 상태다. 전자는 동물의 상태에 가깝고, 후자는 신의 상태에 가깝다"고 말한 바 있다. 이 책에 무기력한 마음에 열정의 불을 붙이고, 자기 혁명을 이끄는 인생의 아포리즘을 엄선해 실었다.

이제 핸드폰 대신 펜을 들어보자. 내 앞에 닥친 문제들을 떠올리며, 통찰력이 빛나는 문장을 필사하다 보면 의욕이 샘솟아 자연스럽게 몰입적 사고를 실천하기 쉬워질 것이다. 이 책을 통해 몰입에 더 가까워지자. 인생의 역경을 딛고 새로운 나를 맞이하게 될 것이다.

Check List

∨ 오늘, 명확한 목표를 세웠는가?

∨ 문제 해결을 위한 사전지식이 있는가?

∨ 온전히 몰입할 수 있는 시간을 확보했는가?

∨ 수면 시간이 부족하지 않은가?

∨ 최소 30분 동안 유산소 운동을 했는가?

∨ 이완되어 선잠에 들어도 불편하지 않을

정도로 편안한 의자에 앉아있는가?

차 례

1장 ✦ 무기력한 마음에 동력을 불어넣다

2장 ✦ 자신의 영역에서 남다른 성취를 이루다

3장　✦　중요한 시험에서 좋은 성과를 거두다

6장 ✦ 인생의 의미와 목표가 무엇인지 깨닫다

1장

무기력한 마음에
동력을 불어넣다

✦001

서서히 다가오는 죽음에 대하여 내가 할 수 있는 최선은
살아 있는 동안 가장 삶다운 삶을 사는 것이다.
죽음과 크게 다르지 않은, 살아도 산 것 같지 않은,
죽지 못해서 살아가는 삶이 아니라
죽음과 가장 반대되는 삶을 살아야 하는 것이다.
하루하루가 생동감 넘치고 삶의 희열로 꽉 찬,
그리고 작지만 내가 가진 모든 능력을
최대로 발휘하는 그러한 삶을 살아야 하는 것이다.
왜냐하면 살아 있음이 나의 유일한 기회이기 때문이다.

황농문, 『몰입 확장판』,
알에이치코리아, 2024년, 273쪽.

1장 무기력한 마음에 동력을 불어넣다

DATE   .   .

몰입한 시간   :   ~   :   총   시간   **몰입도** 약 ──────────── 강

소감 및 아이디어

1분밖에 생각할 줄 모르는 사람은 1분 걸려서 해결할 수 있는
문제밖에 못 푼다. 60분 생각할 수 있는 사람은 그보다
60배나 어려운 문제를 해결할 수 있으며, 10시간 생각하는
사람은 그보다 600배나 어려운 문제를 해결할 수 있다.
하루에 10시간씩 10일을 생각하는 사람은 6000배까지,
100일을 생각하는 사람은 6만 배 어려운 문제까지
해결할 수 있다.

황농문, 『몰입 확장판』,
알에이치코리아, 2024년, 312쪽.

몰입한 시간   :   ~   :   총   시간   **몰입도** 약 ———————————— 강

소감 및 아이디어

✦003

놀아도 몰입하지 않으면 재미가 없고 아무리 돈이 많아도
몰입하지 않으면 행복을 경험하기 어렵다.
행복을 추구하면서도 해야 할 일을 남보다 더 잘할 수 있도록
해주는 방법이 바로 몰입이다.

황농문, 『몰입 확장판』,
알에이치코리아, 2024년, 14쪽.

DATE   .   .

몰입한 시간   :   ~   :   총   시간   **몰입도** 약 ══════════════════ 강

소감 및 아이디어

⁺004

많은 이들이 시작했던 일을 너무 빨리, 너무 자주 그만두는

듯하다. 어느 날 하루 기울이는 노력보다는 다음 날,

그다음 날도 눈을 뜨면 러닝머신 위에 올라갈 각오가

되어 있는 것이 더 중요하다. 노력하지 않을 때

당신의 재능은 발휘되지 않은 잠재력일 뿐이다.

재능이 기량으로 발전할 수도 있지만 노력 없이는 불가능하다.

노력은 재능을 기량을 발전시켜 주는 동시에

기량이 결실로 이어지게 해준다.

앤절라 더크워스, 『그릿』,
김미정 옮김, 비즈니스북스, 2019년, 81~82쪽.

몰입한 시간　　　:　~　:　　총　시간　**몰입도** 약 ━━━━━━━━ 강

소감 및 아이디어

사람들은 단순히 계좌에 꽂히는 돈보다
다른 데서 더 많은 동기부여를 받는다.
더 고차원적인 목적이라든가, 인정받고 싶은 욕구,
능력을 키우고 싶은 포부 같은 것 말이다.

사피 바칼, 『룬샷』,
이지연 옮김, 흐름출판, 2020년, 340쪽.

몰입한 시간   :   ~   :   총   시간   **몰입도** 약 ―――――――――― 강

소감 및 아이디어

✦006

이제 결정을 내리자.

내 인생의 주도권을 내가 잡겠다는 결심.

남들이 요구하는 것이 아니라 내가 원하는 것을

하겠다는 결심이 필요하다.

바바라 피즈, 앨런 피즈, 『결국 해내는 사람들의 원칙』,
이재경 옮김, 반니, 2020년, 28쪽.

1장 무기력한 마음에 동력을 불어넣다

DATE   .   .

몰입한 시간   :   ~   :   총   시간   **몰입도** 약 ———————— 강

소감 및 아이디어

어떤 영역에서든 10배의 성과를 내겠다고 결심하면,
훨씬 더 강력한 해법이나 직접적인 방법을 찾거나,
아니면 직접 만들어내야 한다. 물론 시행착오도 있다.
하지만 미래의 나는 일주일만 지나도
이번 주에 내가 아는 것보다 더 많은 방법을 알게 된다.
10배의 성과를 올리려면 집중과 단순함이 필수다.

벤저민 하디, 『퓨처 셀프』,
최은아 옮김, 상상스퀘어, 2023년, 208~209쪽.

1장 무기력한 마음에 동력을 불어넣다

DATE   .   .

몰입한 시간   :   ~   :   총   시간   **몰입도** 약 ————————— 강

소감 및 아이디어

⁺oo8

사랑하는 사람들을 위해서 자신을 바쳐라.

자기를 둘러싼 지역 사회에 자신을 바쳐라.

그리고 자기에게 목적과 의미를 주는 일을 창조하는 데

자신을 바쳐라.

미치 앨봄, 모리 슈워츠, 『모리와 함께한 화요일』,
공경희 옮김, 살림출판사, 2017년, 195쪽.

DATE   .   .

몰입한 시간   :   ~   :   총   시간   **몰입도** 약 ━━━━━━━━━━ 강

소감 및 아이디어

*009

우리는 미래를 창조할 수 없다. 그건 신의 영역이다.

대신 우리는 현실을 새롭게 조정할 수 있는 힘을 갖고 있다.

그 힘은 인공적인 제약과 한계를 뛰어넘는

담대한 목표와 질문에서 출발한다.

팀 페리스, 『타이탄의 도구들』,
박선령, 정지현 옮김, 토네이도, 2022년, 13~14쪽.

1장 무기력한 마음에 동력을 불어넣다

DATE   .   .

몰입한 시간   :   ~   :   총   시간   **몰입도** 약 ─────────── 강

소감 및 아이디어

당신이 무슨 일을 하든 다음 단계로 도약하려면
지금까지와는 완전히 다른 방식으로 생각하고 행동해야 한다.
더욱 원대하게 생각하고 속도를 높이고 힘을 더 내지 않는다면
어떤 일이든 다음 단계로 넘어갈 수 없다.

그랜트 카돈, 『10배의 법칙』,
최은아 옮김, 부키, 2023년, 32쪽.

1장 무기력한 마음에 동력을 불어넣다

DATE   .   .

몰입한 시간   :   ~   :   총   시간   **몰입도** 약 ━━━━━━━ 강

소감 및 아이디어

⁺011

삶에서 구체적으로 무엇을 추구하느냐 하는 것은
흔히 사람들마다 크게 다르다.
하지만 하루하루의 생활에서 행복과 사람을 더해가는 삶,
그것이 바로 성공이다.

나폴레온 힐, 『행동하라! 부자가 되리라』,
성필원 옮김, 도전과성취, 2007년, 31쪽.

1장 무기력한 마음에 동력을 불어넣다

몰입한 시간   :   ~   :   총   시간   **몰입도** 약 ━━━━━━━━━━ 강

소감 및 아이디어

⁺012

꿈에 그리던 사업이나 일을 실질적으로 일으키고
성공시키는 데 핵심적인 사항은 '어떻게'가 아니다.
그 일에 관한 생각, 즉 씨앗의 선명함과 강력함이다.

존 아사라프, 머레이 스미스, 『부의 해답』,
이경식 옮김, 알에이치코리아, 2022년, 69쪽.

DATE   .   .

몰입한 시간   :   ~   :   총   시간   **몰입도** 약 ══════════════ 강

소감 및 아이디어

⁺013

당신이 지금 부유하든 가난하든,

슬프든 행복하든, 두렵든, 용기가 있든,

준비가 되어 있든 그렇지 않든 바로 지금 시작하라.

기다리지 말고 바로 시작하기로 결심하라.

스콧 앨런, 『힘든 일을 먼저 하라』,
이희경 옮김, 갤리온, 2023년, 60쪽.

1장 무기력한 마음에 동력을 불어넣다

몰입한 시간   :   ~   :   총   시간   **몰입도** 약 —————————— 강

소감 및 아이디어

✦014

우리의 생각에는 막대한 힘이 있다.

우리 삶은 평상시에 생각한 그대로 펼쳐진다.

우리 인생의 방향은 생각의 방향과 정확히 일치한다.

조엘 오스틴, 『긍정의 힘』,
정성묵 옮김, 두란노, 2006년, 130쪽.

DATE . .

몰입한 시간 : ~ : 총 시간 **몰입도** 약 강

소감 및 아이디어

⁺015

'현재' 속에서 존재한다는 것은
바로 지금 일어나고 있는 것에 집중한다는 뜻이다!
그것은 우리가 매일같이 받는 소중한 선물에
감사한다는 뜻이기도 하다.

스펜서 존슨, 『선물』,
형선호 옮김, 알에이치코리아, 2020년, 46쪽.

1장 무기력한 마음에 동력을 불어넣다

DATE   .   .

몰입한 시간   :   ~   :   총   시간   **몰입도** 약 ─────────── 강

소감 및 아이디어

나는 지금까지 인생의 상당 부분을 혼자 보냈다.

사교성이 없기 때문은 아니었다.

목표한 것을 이루려면 단독자가 되어

스스로를 단련하는 과정이

반드시 필요하다는 것을 알고 있었기 때문이다.

사이토 다카시, 『혼자 있는 시간의 힘』,
장은주 옮김, 위즈덤하우스, 2023년, 206쪽.

_____

_____

_____

_____

_____

_____

_____

_____

_____

몰입한 시간   : ~ :   총   시간 **몰입도** 약 —————————— 강

소감 및 아이디어

⁺017

당신의 꿈은 무엇인가?

마치 뇌에 박힌 가시처럼 사라지지 않는 꿈은 무엇인가?

그 꿈을 세세히, 생생하게 생각해보자.

시각화하고 느끼고 믿어라.

그리고 그 꿈을 이루기 위해 날마다 노력하라.

짐 퀵, 『마지막 몰입』,
김미정 옮김, 비즈니스북스, 2021년, 48쪽.

1장 무기력한 마음에 동력을 불어넣다

몰입한 시간   :   ~   :   총   시간   **몰입도** 약 —————————————— 강

소감 및 아이디어

중학교 3학년 때 황농문 교수님의 몰입을 접하게 되었습니다. 그때 이후 몰입은 나에게 단순히 성과를 넘어 삶 자체의 재미와 의미를 발견하게 해주는 강력한 도구였습니다. 몰입 이론을 통해 '도전과 응전'의 가치를 삶에 적용하며 성장해왔기 때문입니다. 도전은 항상 불확실성과 어려움을 동반하지만, 몰입을 통해 그 과정 자체를 즐길 수 있었습니다. 몰입은 깊은 집중 상태에서 스스로 문제를 해결하고 새로운 가능성을 발견하도록 도와주었고, 이를 통해 작은 성취가 쌓여 더 큰 목표를 이루는 기반이 되었습니다.

특히 어려움에 직면했을 때 몰입은 큰 힘을 발휘했습니다. 회피는 해결책이 아니므로 응전을 통해 스스로를 단련하면서 새로운 성장의 계기로 삼을 수 있도록 도와주었습니다. 이러한 과정 속에서 저는 도전의 가치를 깨닫고, 몰입을 통해 얻은 지혜와 성취의 기쁨을 바탕으로 계속해서 나아가고 있습니다. 앞으로도 몰입의 힘으로 삶의 새로운 가능성을 열어나갈 거라 자부합니다.

2024년 대한민국 인재상 수상자 김춘석

김준석 군은 중학교 시절 심한 게임중독에 빠져, 고등학교는 일주일 정도 다니다가 자퇴했다. 2016년 1월 5일에 그가 내게 보낸 메일을 보면, 하루에 3시간 공부도 힘들어했었다. 그러다가 『몰입』을 읽고 20시간 연속으로 공부하는 기적을 경험했다고 한다. 이후 나는 김준석 군과 메일을 주고받으며 그가 몰입을 실천할 수 있도록 도왔다. 나의 지도로 목표를 '몰입'으로 바꾸자 하루 6시간에서 10시간 정도 공부하는 게 매우 쉬워졌으며, 매일 운동과 공부를 병행하면서 게임중독에서 벗어날 수 있었다.

그가 경북대학교 컴퓨터 공학과에 입학한 후부터는 컴퓨터 알고리즘 문제들을 스스로 생각해서 해결하는 방식으로 공부하라고 독려했다. 내 조언에 따라 김준석 군은 슬로싱킹으로 어려운 알고리즘 문제들을 풀어냈다. 그중에는 가장 어렵다고 알려진 알고리즘 문제도 있었는데, 18일간의 몰입으로 해결했다고 한다. 대학교 4학년 시절에는 각종 해커톤과 공모전에 참가하여 40개의 상을 받았을 뿐만 아니라 대한민국 인재상까지 받으며 몰입 학습의 위력을 증명했다. 앞으로 몰입을 통해 더욱 성장하고 능력을 발휘하기를 기대한다. 그의 성취와 몰입을 위한 노력은 특별했지만 누구나 이처럼 해낼 수 있다. 몰입할 준비만 되어 있다면!

자신의 영역에서
남다른 성취를 이루다

*018

이 시절에 나를 바꾼 또 다른 가르침은 프로가 되려면
자신이 연구하는 분야가 세상에서 가장 중요하다는
믿음이 있어야 한다는 것이다.
내가 하는 일이 세상에서 가장 중요하다고 믿어야
비로소 자신의 인생을 던져서 그 일을 하게 되고
그래야 일이 재미있고 경쟁력도 생긴다는 것이
윤 교수님의 가르침이었다.

황농문, 『몰입 확장판』,
알에이치코리아, 2024년, 76쪽.

2장 자신의 영역에서 남다른 성취를 이루다

몰입한 시간   :   ~   :   총   시간   **몰입도** 약 ————————— 강

소감 및 아이디어

⁺019

어떤 일이건 목적이나 목표를 만들고 강화시키면

그 일의 의미가 생겨난다.

어떤 일이 나에게 의미가 있다면 그 일의 결과에 따라

나의 시냅스가 흥분할 확률이 높다.

그리고 그 결과 어떤 감정이 유도될 것이다.

임의로 설정된 목표에 가까워지면 즐거움을 얻고

목표와 멀어지면 부정적인 보상인 불쾌감을 얻는다.

이것이 모든 게임의 원리다.

황농문, 『몰입 확장판』,
알에이치코리아, 2024년, 227~228쪽.

DATE   .   .

몰입한 시간   : ~ :   총   시간 **몰입도** 약 ———————— 강

소감 및 아이디어

바라고 원하는 바를 성취로 이어가기 위해서는
그냥 계속 생각하는 것만으로는 안 된다.
'엄청나게 많이 생각'하는 것이 중요하다.
막연하게 '그렇게 되면 좋겠다'라는 식의
어설픈 정도의 수준이 아니라 강렬하게,
그리고 자나 깨나 끊임없이 바라고 원해야 한다.
머리끝에서 발끝까지 온몸을 그 생각으로 가득 채우고,
피 대신 '생각'이 흐르게 해야 한다.
그 정도로 한결같이 강렬하게 하나만을 생각하는 것,
그것이 일을 성취하는 원동력이다.

이나모리 가즈오, 『카르마 경영』,
김형철 옮김, 서돌, 2005년, 45~46쪽

2장 자신의 영역에서 남다른 성취를 이루다

DATE   .   .

몰입한 시간   :   ~   :   총   시간   **몰입도** 약 ━━━━━━━━━━ 강

소감 및 아이디어

✦021

저녁을 먹는 자리에서 빌 게이츠 시니어가 사람들에게
이런 질문을 던졌습니다. 사람들이 인생에 성공하는
가장 중요한 요소가 뭐라고 생각하느냐고요.
나는 '집중'이라고 했습니다.
빌도 똑같은 대답을 하더군요.

앨리스 슈뢰더, 『스노볼2』,
이경식 옮김, 알에이치코리아, 2021년, 300쪽.

　　　　　　　　　2장 자신의 영역에서 남다른 성취를 이루다

DATE . .

몰입한 시간 : ~ : 총 시간 **몰입도** 약 강

소감 및 아이디어

어떤 일을 반복하다 보면 그것을 더 효과적으로 하는 요령을
터득하는 순간이 있다. 이런 순간은 일정 수준의 시간을
투입하고 집중력을 유지해야만 찾아온다.
그 세계에 완전히 몰입하여 자신이 하는 일을 선명하게
의식하는 시간이 일정한 수준 이상으로 지속되었을 때
비로소 요령이 손에 잡히는 것이다.
기껏 긴 시간 연습을 했어도 집중력이 동반되지 않으면
요령이 몸에 배는 순간은 찾아오지 않는다.

사이토 다카시, 『일류의 조건』,
정현 옮김, 필름, 2024년, 220쪽.

DATE   .   .

몰입한 시간   :   ~   :   총   시간   **몰입도** 약 ——————————— 강

소감 및 아이디어

⁺023

매일 쉬지 않고 계속 써나가며 의식을 집중해 일을 하는 것이,

자기라는 사람에게 필요한 일이라는 정보를 신체 시스템에

계속해서 전하고 확실하게 기억시켜 놓아야 한다.

그리고 조금씩 그 한계치를 끌어올려 간다.

의식하지 못할 정도로 아주 조금씩, 그 수치를 살짝 올려간다.

이것은 매일 조깅을 계속함으로써 근육을 강화하고

러너로서의 체형을 만들어가는 것과 같은 종류의 작업이다.

자극하고 지속한다. 또 자극하고 지속한다.

물론 이 작업에는 인내가 필요하다.

그러나 그만큼의 보답은 있다.

무라카미 하루키, 『달리기를 말할 때 내가 하고 싶은 이야기』,
임홍빈 옮김, 문학사상, 2009년, 122쪽.

2장 자신의 영역에서 남다른 성취를 이루다

DATE   .   .

_____

_____

_____

_____

_____

_____

_____

_____

몰입한 시간   :   ~   :   총   시간   **몰입도** 약 ━━━━━━━━━━ 강

소감 및 아이디어

⁺024

지금 내 앞에 놓인 걸림돌은

우리가 성장하는 데 최고의 디딤돌이다.

디딤돌로 삼아 딛고 일어설지,

걸림돌로 여겨 걸려 넘어질지는 순전히 자신에게 달려 있다.

이영석, 『티켓』,
차선책, 2024년, 26쪽.

2장 자신의 영역에서 남다른 성취를 이루다

DATE   .   .

몰입한 시간   :   ~   :   총   시간   **몰입도** 약 ——————————— 강

소감 및 아이디어

⁺025

성공하고 행복한 사람의 비결은

대부분 한 가지 일에 완전히 매달린다는 데 있다.

머릿속에 아무리 많은 것이 들어 있어도

그들은 해야 할 일들이 서로 방해가 되지 않고

조화를 이룰 수 있게 만드는 기술을 갖고 있다.

베르너 티키 퀴스텐마허, 로타르 J. 자이베르트, 『단순하게 살아라』,
유혜자 옮김, 김영사, 2021년, 115쪽.

몰입한 시간   :   ~   :   총   시간   **몰입도** 약 ━━━━━━━━━ 강

소감 및 아이디어

오늘의 초보자는 내일의 명인이 될 수 있다.

따라서 아무리 큰 업적을 이룬 사람이라 하더라도

더 큰 일을 이루고자 한다면 자신을 아직 성공하지 못한

사람이라 생각하고, 실력을 쌓기 위해 노력하고,

신중하고 겸손하게 현재의 게임에 참여하고,

다음 행보에 필요한 지식·자제심·수련을 개발할 필요가 있다.

조던 B. 피터슨, 『질서 너머』,
김한영 옮김, 웅진지식하우스, 2021년, 45쪽.

2장 자신의 영역에서 남다른 성취를 이루다

DATE   .   .

몰입한 시간   :   ~   :   총   시간   **몰입도** 약 ——————————— 강

소감 및 아이디어

뇌는 어려운 과제와 목표에 맞게 항상 스스로를 조정한다.

환경의 요구의 맞춰 자원의 형상을 뜨고,

필요한 자원이 없을 때는 직접 만든다.

데이비드 이글먼, 『우리는 각자의 세계가 된다』,
김승욱 옮김, 알에이치코리아, 2022년, 24쪽.

DATE   .   .

_____

_____

_____

_____

_____

_____

_____

_____

몰입한 시간   :   ~   :   총   시간   **몰입도** 약 ━━━━━━━━━━ 강

소감 및 아이디어

✦028

어떤 중요한 순간은 과대평가되는 반면,

매일의 사소한 진전들은 과소평가되기 쉽다.

흔히 우리는 대단한 행위가 있어야만

성공할 수 있다고 확신한다. 살을 빼고, 회사를 설립하고,

책을 쓰고, 챔피언십을 따내는 등 어떤 목표를 이루려면

어마어마한 개선이 있어야 한다고 생각하며 자신을 압박한다.

1퍼센트의 성장은 눈에 띄지 않는다.

가끔은 전혀 알아차리지 못할 때도 있다.

하지만 이는 무척이나 의미 있는 일이다.

제임스 클리어, 『아주 작은 습관의 힘』,
이한이 옮김, 비즈니스북스, 2019년, 34쪽.

　　　　　　　2장 자신의 영역에서 남다른 성취를 이루다

DATE   .   .

몰입한 시간   :   ~   :   총   시간   **몰입도** 약 ━━━━━━━━━━━ 강

소감 및 아이디어

어떤 사람은 자신의 업무를 '직업'이라고 정의하고,

어떤 이는 '커리어'라고 정의하고,

또 어떤 이는 '소명'이라고 정의한다.

이는 큰 차이를 만들어 낸다.

자신의 일을 소명이라고 규정하는 사람이

직업이나 커리어라고 규정하는 사람보다

훨씬 성과가 좋을 뿐 아니라 행복감도 강하게 경험한다.

최인철, 『프레임』,
21세기북스, 2016년, 37쪽.

몰입한 시간   :   ~   :   총   시간   **몰입도** 약 ━━━━━━━━━ 강

소감 및 아이디어

✦030

꾸준히 결과물을 내는 사람들은 대체로 이렇습니다.
일찍 자고 일찍 일어나서 매일 '판에 박은 듯한 일과'를
반복합니다. 이건 어쩔 수 없는 일입니다.
머릿속에서 일어나는 미세한 변화를 감지하려면 그 이외의
일은 가능한 한 매일 똑같이 반복하는 편이 좋으니까요.
계절 변화를 감지하는 가장 확실한 방법은
매일 똑같은 시간에 똑같은 길을 걷는 것입니다.

**우치다 타츠루, 『무지의 즐거움』,
박동섭 옮김, 유유, 2024년, 21쪽.**

DATE   .   .

몰입한 시간   :   ~   :   총   시간   **몰입도** 약 ——————————— 강

소감 및 아이디어

세상에는 언제나 새로운 패러다임을 앞서 받아들이는 사람과
끝까지 받아들이지 않는 사람이 공존한다.

레이 커즈와일, 『특이점이 온다』,
김명남 옮김, 김영사, 2007년, 660쪽.

2장 자신의 영역에서 남다른 성취를 이루다

몰입한 시간   :   ~   :   총   시간   **몰입도** 약 ──────────────── 강

소감 및 아이디어

⁺032

모두 열심히 걷지요. 열심히들 살아요.

하지만 오르고 싶은 산을 정하지 않은 사람,

마음속 깊은 곳으로부터

뜻을 세우지 못한 사람이 99퍼센트예요.

인생은 한 번뿐이잖아요.

소중히 여겨야지. 뜻을 세우세요. 뜻을 높이!

이나리, 『나는 거대한 꿈을 꿨다』,
중앙m&b, 2012년, 5쪽.

2장 자신의 영역에서 남다른 성취를 이루다

DATE   .   .

몰입한 시간   :   ~   :   총   시간   **몰입도** 약 ━━━━━━━━ 강

소감 및 아이디어

⁺033

목표에 다가갈수록 고난은 더욱 커진다.

처음에는 깨닫지 못했던 여러 문제가 선명하게 보이는 때,

이때가 바로 목표가 현실로 다가오는 시기이다.

성취라는 것은 우리 곁으로 가까이 올수록

더 큰 고난을 숨기고 있다.

요한 볼프강 폰 괴테, 『초역 괴테의 말』,

가나모리 시게나리, 나가오 다케시 엮음, 박재현 옮김, 삼호미디어, 2023년, 219쪽

2장 자신의 영역에서 남다른 성취를 이루다

DATE   .   .

_____

_____

_____

_____

_____

_____

_____

_____

_____

몰입한 시간   :   ~   :   총   시간   **몰입도** 약 ——————————— 강

소감 및 아이디어

⁺034

우리가 보낸 하루하루를 모두 더하였을 때

그것이 형체 없는 안개로 사라지느냐,

아니면 예술 작품에 버금가는 모습으로 형상화되느냐는

바로 우리가 어떤 일을 선택하고

그 일을 어떤 방식으로 하는가에 달려 있다.

**미하이 칙센트미하이, 『몰입의 즐거움』,
이희재 옮김, 해냄, 2021년, 24쪽.**

2장 자신의 영역에서 남다른 성취를 이루다

몰입한 시간   :   ~   :   총   시간   **몰입도** 약 ——————————— 강

소감 및 아이디어

　회사 업무에 몰입을 적용할 수 있을까? 황농문 교수님의 책을 읽으며 이러한 의문이 들었고, 이를 풀고자 직접 몰입을 직장에서 실천해 보기로 했습니다. 우선 몰입 대상과 규칙을 설정했습니다. 몰입 대상은 회사에서 수행하는 기획 업무로 하고, 규칙은 3가지로 정리했습니다.

　첫째, 문제가 풀리지 않더라도 스트레스를 받지 말 것.

　둘째, 의도적으로 휴식하지 않고 생각할 것.

　셋째, 문제와 다른 생각이 들면 자연스럽게 본래 문제로 돌아오기.

　이 규칙을 한 달 동안 지키면서 몰입을 해 보니 저의 생활 습관이 조금씩 바뀌는 느낌을 받았습니다. 평소 같으면 점심시간은 업무시간이 아니니 무엇을 먹을지 고민하거나, 시간이 남으면 쉴 궁리만 했었습니다. 그러나 몰입을 시작한 뒤로는 점심시간에 쉬지 않더라도 생각보다 피곤하지 않았으며, 밥을 먹으면서도 생각을 하다 보니 생각의 지속시간이 점차 길어졌습니다. 식사 중에 떠올랐던 아이디어가 날아가 버리기 전에 프레젠테이션 구상에 필요한 내용은 급히 옮겨 적기도 했습니다. 지속시간이 늘어난 만큼 집중력이 더 올라가면서 전보다 아이디어가 잘 떠올랐고, 업무에 적용하자 많은 도움이 되었습니다.

집중력과 업무 효율이 올라간 기획자

　신규 생산한 전자제어유닛(ECU)에 오류가 있어서 골치였습니다. 해결의 실마리를 조금도 찾지 못하던 중에, 『몰입 확장판』을 읽고 문득 몰입으로 이 문제를 해결해 봐야겠다는 생각이 들었습니다. 두 달여간 고집스럽게 몰입한 끝에 마침내 오류의 원인을 찾아냈습니다.

　원인을 찾아내니 그 이후는 수월했습니다. 모든 프로세스가 당연하고 쉽게 느껴집니다. 이걸 발견하는 데 왜 이토록 오래 걸렸을까 하는 생각도 듭니다. 전에는 며칠간 계속 생각한 것이 아니라 자투리 시간에만 잠깐 몰입했다가, 아이디어가 떠오르면 검증을 거치느라 시간이 길어졌던 것 같습니다. 이제부터는 몰입하는 시간을 늘려서 생각의 질을 개선해 보려 합니다.

　　　　　　　　　　　　　　　　　회사의 시스템 오류를 해결한 개발자

중요한 시험에서
좋은 성과를 거두다

내가 중도에 포기하고 해답을 보면 게임에서 진다.

따라서 게임에 지지 않으려면 포기하지 않고

계속 생각해야 하는 것이다.

가끔 도저히 풀리지 않는 문제가 나오면 해답을 보곤 했는데,

그럴 때면 문제와의 게임에서 패배자가 된 것 같은

느낌이 들고, 조금만 더 도전해볼걸 하는 후회를 하게 되었다.

이런 경험이 쌓이자 나중에는 아무리 어려운 문제를

만나더라도 해답을 보는 경우가 없었다.

황농문, 『몰입 확장판』,
알에이치코리아, 2024년, 278쪽.

DATE   .   .

몰입한 시간   :   ~   :   총   시간   **몰입도** 약 ———————————— 강

소감 및 아이디어

✦036

해결 과정을 가르쳐주면 누구나 정답을 맞출 수 있다.

'진짜 천재'는 자기 스스로 생각해서

그 방법을 찾아낸 사람이다.

항상 스스로 생각하는 것이 중요하다.

황농문, 『몰입 확장판』,
알에이치코리아, 2024년, 282쪽.

몰입한 시간   :   ~   :   총   시간   **몰입도** 약 ——————————— 강

소감 및 아이디어

⁺037

자신의 능력으로는 도저히 불가능해 보이는 수준의
일을 하도록 강요받지 않으면 내 안에 숨어 있는 능력은
영원히 빛을 못 볼 수도 있다.
잠재력을 끄집어내는 과정은 고통스럽지만,
한계를 뛰어넘어 잠재력의 발현을 경험하는 것은
살면서 느낄 수 있는 몇 안 되는 소중한 순간이 될 것이다.

황농문, 『몰입 확장판』,
알에이치코리아, 2024년, 76쪽.

DATE　　　.　　　.

몰입한 시간　　　:　　~　　:　　　총　　시간　**몰입도** 약 ━━━━━━━ 강

소감 및 아이디어

⁺038

문제가 생기면 당연히 해결해야 한다.

현시점에서 해결책을 찾아라.

하지만 목표를 바라보는 시선은 고정시켜라.

과녁을 향해 계속 움직여가라.

원하는 것을 이루기 위해 시간과 에너지를 써라.

하브 에커, 『백만장자 시크릿』,
나선숙 옮김, 알에이치코리아, 2020년, 118쪽.

3장 중요한 시험에서 좋은 성과를 거두다

몰입한 시간   :   ~   :   총   시간   **몰입도** 약 ———————————— 강

소감 및 아이디어

고통에 지는 것은 수치가 아니지만,
쾌락에 지는 것은 수치스러운 일이다.

블레즈 파스칼, 『**팡세**』**.**

몰입한 시간   :   ~   :   총   시간   **몰입도** 약 ——————————— 강

소감 및 아이디어

✦O4O

강하고 성공한 사람은 환경의 희생양이 되지 않는다.

스스로 가장 좋아하는 환경을 만든다.

그의 피 속에 흐르는 힘과 에너지가

모든 일을 원하는 대로 성취하도록 만든다.

브라이언 트레이시, 『백만불짜리 습관』,
서사봉 옮김, 용오름, 2005년, 259쪽.

3장 중요한 시험에서 좋은 성과를 거두다

몰입한 시간　　　:　　～　　:　　　총　시간　　**몰입도** 약 ━━━━━━━━ 강

소감 및 아이디어

041

보상을 얻으려면 인내와 노력이 필요하다.
앞에 무엇이 있을지 불확실한 상황에서도
기꺼이 앞으로 나아가야 한다.
당장 영양가 없어 보이는 지금의 행동들이 실제로는
긍정적인 방향으로 축적되고,
이것이 미래에 언젠가 나타날 거라는 믿음을 가져야 한다.

애나 렘키, 『도파민네이션』,
김두완 옮김, 흐름출판, 2022년, 278쪽.

몰입한 시간   :   ~   :   총   시간   **몰입도** 약 ─────────────── 강

소감 및 아이디어

생각하는 뇌는 우리의 정체성과 매 순간의 경험을 규정하고
효능감, 행복감, 현재에 대한 집중력에 영향을 미친다.

질 P. 웨버, 『브레인포그』,
진정성 옮김, 한국경제신문, 2023년, 151쪽.

DATE   .   .

몰입한 시간   :   ~   :   총   시간   **몰입도** 약 ━━━━━━━ 강

소감 및 아이디어

⁺043

만일 하나를 깨닫지 못하겠으면 모름지기 거듭거듭 추구하고

연구하여, 길을 갈 때도 생각하고 앉아서도 생각할 것이며

아침에 생각하여 깨닫지 못하면 저녁에 다시 생각하고

저녁에 생각해도 깨닫지 못하겠으면

이튿날 또 생각해야 할 것이다.

이와 같이 한다면 어찌 깨닫지 못할 도리가 있겠는가.

대충대충 생각하거나, 생각하다가 깨닫지 못할 경우

곧 그만 두어버린다면 천년이 지나도 깨닫지 못할 것이다.

박희병, 『자신을 속이지 않는 공부』,
창비, 2024년, 74쪽.

           3장 중요한 시험에서 좋은 성과를 거두다

DATE   .   .

몰입한 시간   :   ~   :   총   시간   **몰입도** 약 ━━━━━━━━━ 강

소감 및 아이디어

✦044

성공에 필요한 두 가지 도구는 교육과 운동이다.

하나는 영혼을 위한 것이고, 다른 하나는 신체를 위한 것이다.

하지만 이 둘은 결코 분리할 수 없다.

둘을 함께 추구해야만 완벽함에 이를 수 있다.

플라톤

　　　　　　　　　　　3장 중요한 시험에서 좋은 성과를 거두다

DATE   .   .

몰입한 시간   :   ~   :   총   시간   **몰입도** 약 ━━━━━━━━━━ 강

소감 및 아이디어

⁺045

인간의 노력이 필요한 거의 모든 영역에서 우리는 자신의
수행능력을 향상시킬 엄청난 능력을 가지고 있다.
'올바른 방법'으로 훈련하기만 한다면 말이다.

안데르스 에릭슨, 로버트 풀, 『1만 시간의 재발견』,
강혜정 옮김, 비즈니스북스, 2016년, 183쪽.

DATE　　　　.　　　.

몰입한 시간　　　:　~　:　총　시간　**몰입도** 약 ―――――――――――― 강

소감 및 아이디어

⁺046

열심히 배우는 사람은 곡식과 같고 벼와 같으며
배우지 않는 사람은 쑥이나 풀과 같다.

『명심보감』, 「근학편」

_____

_____

_____

_____

_____

_____

_____

_____

_____

몰입한 시간   :   ~   :   총   시간   **몰입도** 약 ━━━━━━━━ 강

소감 및 아이디어

✦047

다른 사람의 삶을 그리지도 그들의 삶을 알려고도 하지 말라.

자신과 상관없는 일은 멀리하는 게 현명한 처사.

남의 일에 간여하기를 잘하는 자는

사람에게 피해를 주는 법이니.

훌륭한 명성을 얻을 일에만 온 힘을 다하도록 하라.

미겔 데 세르반테스, 『돈키호테』.

몰입한 시간 　　　:　 ~ 　: 　　총　　시간　 **몰입도** 약 ─────────── 강

소감 및 아이디어

⁺048

인간의 지능, 상상력, 직관력은 앞으로 몇십 년쯤은
컴퓨터보다 훨씬 중요한 일을 해낼 것이다.

**앨빈 토플러, 『제3의 물결』,
원창엽 옮김, 홍신문화사, 2006년, 248쪽.**

3장 중요한 시험에서 좋은 성과를 거두다

DATE   .   .

몰입한 시간   :   ~   :   총   시간   **몰입도** 약 ——————————— 강

소감 및 아이디어

기억에 의해서가 아니라 자신의 사색에 의하여
얻어진 것만이 참된 지식이다.

레프 톨스토이, 『인생이란 무엇인가』,
채수동 옮김, 동서문화사, 2021년, 2판 발행, 89쪽.

DATE   .   .

몰입한 시간   :   ~   :   총   시간   **몰입도** 약 ———————————— 강

소감 및 아이디어

⁺050

우리의 뇌를 착각하게 만드는 방법은 두 가지다.

첫째, 목표를 절실하게 잡아야 한다.

이번 시험에 내 인생이 걸렸다고

의도적으로 절실함을 가장하면

우리 뇌는 정말 그런 줄로 착각하게 된다.

둘째, 의도적으로 몰입 행위를 해야 한다. 자나 깨나

시험공부와 관련된 활동만 하는 것이다.

황농문, 『공부하는 힘』,
위즈덤하우스, 2013년, 42쪽.

3장 중요한 시험에서 좋은 성과를 거두다

몰입한 시간   : ~ :   총   시간   **몰입도** 약 ━━━━━━━━━ 강

소감 및 아이디어

⁺051

기억하자.

얼마나 오래 걸리든 상관하지 않고 질문을 반복하면

우리 뇌는 답을 만들기 위해 고심할 수밖에 없다.

자기만의 방식으로, 자기만의 시간표대로

뇌는 우리에게 답을 주게 된다.

로버트 마우어, 『아주 작은 반복의 힘』,
장원철 옮김, 스몰빅라이프, 2023년, 71쪽.

3장 중요한 시험에서 좋은 성과를 거두다

DATE   .   .

몰입한 시간   :   ~   :   총   시간   **몰입도** 약 ━━━━━━━━━━ 강

소감 및 아이디어

예전부터 저는 혼자서 공부하는 것을 좋아했습니다. 답안지를 보지 않고 문제를 푸는 방식으로 공부했기 때문에 수업을 잘 듣는 학생이 아니었죠. 그래서 학교 선생님과 학원 선생님들은 저의 공부 방식을 별로 좋아하지 않았습니다. 게다가 혼자 고민하고 문제를 푸는 시간이 많다 보니, 한 과목을 공부할 때 거기서 빠져나오기가 굉장히 어려웠습니다. 예를 들어 수학을 공부하기 시작하면 몇 달 동안 수학만 공부하고, 영어를 공부하기 시작하면 또 몇 달만 영어만 공부하는 식으로 이어갔죠. 그 모습을 본 담임 선생님이 저에게 공부하는 방법을 고치라고 하자 고민이 깊어졌습니다. 매일매일 국어, 수학, 영어, 사회 탐구 등 이렇게 조금씩 다 공부해야 하는데 저는 그게 되지 않았습니다. 왜 매일매일 꾸준히 다양한 과목을 공부하지 못할까? 어떻게 공부해야 할지 방황하던 중에 황농문 교수님을 소개받아 만나게 되었습니다. 황농문 교수님은 제 고민을 듣고는 너무 잘하고 있다고, 대학에 진학하면 연구도 엄청나게 잘할 거라며 엄청나게 격려를 해주었습니다. 교수님을 만나고 저는 제가 공부하는 법에 대해 확신을 가질 수 있었습니다. 황농문 교수님은 제 일생에 큰 영향을 주신 분입니다.

유튜브 〈조성재 교수의 물리홀릭〉 중에서

　　나의 몰입 관련 책을 읽거나 유튜브 강의 등을 들은 사람들은 조성재 교수의 이러한 이야기가 내가 강조하는 몰입 학습법과 유사하다는 것을 알 수 있다. 이는 1990년 초, 내가 한창 몰입에 빠져 있던 시기에 당시 고등학생이었던 조성재 교수를 만나서 몰입을 알려줬기 때문이다. 당시 조성재 교수는 우수한 학생이었음에도 방황을 겪고 있었는데, 이를 안타깝게 본 지인이 나에게 그와 만나서 좋은 이야기를 해 줄 수 있는지 부탁을 했었다.

　　나는 당시 고등학생인 그와 만나서 나의 카이스트에서의 석박사 경험을 이야기해 주고, 중고등학교 시절 미지의 문제를 스스로 생각해서 해결하는 학습법이 엄청난 위력을 발휘한다는 조언도 건넸다. 또한 문제가 너무 어려워 진전이 없더라도 며칠간 1초도 쉬지 않고 계속 생각한다면 어느새 기적 같은 아이디어가 떠오르고 기분도 좋아진다는 이야기도 덧붙였다. 이런 점에서 조성재 교수는 몰입과 관련된 1호 제자인 셈이다.

혁신적인 아이디어를
떠올리다

052

우리는 살아가는 동안 수많은 난관에 부딪친다.

삶이 던지는 이러한 문제들을 직시하지 않고

회피하거나 해결하기를 포기해버린다면

우리는 발전하며 앞으로 나아갈 수 없다.

하지만 '내가 이 문제의 해결책을 찾고자 골똘히 생각하다 보면

언젠가 답을 얻을 수 있을 것이다'라는 마음가짐으로

몰입을 통해 응전하면, 즉 내 의식의 무대 위에 현재 나에게

가장 중요한 문제 하나를 올려놓고 스포트라이트를

계속 비춰주면, 나의 무의식에서 그 문제를 해결해낼

탁월하고 창의적인 아이디어가 솟아오르는 순간을

분명히 경험할 수 있다.

황농문, 『몰입 확장판』,
알에이치코리아, 2024년, 97쪽

DATE   .   .

위대한 발견 뒤에는 그러한 영감을 얻을 때까지
오랫동안 피나는 노력을 기울인 사람들의
정성이 있었다는 것을 간과해서는 안 된다.
주어진 문제에 대하여 자나 깨나 깊이 몰입해서 생각할 때,
그래서 그 문제를 푸는 의식적인 노력이 수면 중에도 연속될 때
수면 상태의 활성화된 뇌가 활용되고
그 결과로 문제가 풀리는 것이다.

황농문, 『몰입 확장판』,
알에이치코리아, 2024년, 198쪽

DATE   .   .

몰입한 시간   :   ~   :   총   시간   **몰입도** 약 ─────────────── 강

소감 및 아이디어

⁺054

몰입적 사고야말로 잠재되어 있는 우리 두뇌의 능력을
첨예하게 깨우는 최고의 방법이며
나 스스로 창조적인 인재가 되는 지름길이다.
이 사실을 깨닫고 몰입적 사고를 할 수 있게 된다면
내 안에 숨어 있는 천재성을 이끌어내고 인생의 즐거움과
행복을 만나는 일이 그리 어렵지만은 않을 것이다.

**황농문, 『몰입 확장판』,
알에이치코리아, 2024년, 15쪽.**

4장 혁신적인 아이디어를 떠올리다

몰입한 시간   :   ~   :   총   시간   **몰입도** 약 ——————————— 강

소감 및 아이디어

우리의 창조성은 나이가 든다고 사그라지지 않는다.
적어도 우리가 살아 있는 한 우리의 창조성은 살아 있다.
나는 우리의 생보다 우리의 창조성이 훨씬 더
오래 남아 있을 것이라고 생각한다.

줄리아 캐머런, 『새로운 시작을 위한 아티스트 웨이』,
정영수 옮김, 청미, 2020년, 200쪽.

몰입한 시간   : ~ :   총   시간 **몰입도** 약 ———————————— 강

소감 및 아이디어

✦056

완벽함이란 더 이상 추가할 것이 없을 때 이루어지는 것이
아니라 더 이상 덜어낼 것이 없을 때 이루어지는 것이다.

앙투안 드 생텍쥐페리, 『인간의 대지』.

4장 혁신적인 아이디어를 떠올리다

DATE   .   .

_____

_____

_____

_____

_____

_____

_____

_____

_____

몰입한 시간   :   ~   :   총   시간   **몰입도** 약 ———————— 강

소감 및 아이디어

✦057

'홀로움'은 말하자면 '자발적 외로움'이다.
자발적이고 철저한 자기 시간 확보가
창의성과 생산성을 담보한다.

최재천, 『숙론』,
김영사, 2024년, 75쪽.

4장 혁신적인 아이디어를 떠올리다

DATE   .   .

_____

_____

_____

_____

_____

_____

_____

_____

몰입한 시간   :   ~   :   총   시간   **몰입도** 약 ———————————— 강

소감 및 아이디어

*058

자극이 별로 없는 시간을 보내면
신경이 안정을 되찾게 되고 머리도 자유로워진다.
그리하여 조만간 지루함은 평화로운 느낌으로 변하고,
집중할 수 있게 해주며, 창의적으로 만들어준다.

도리스 메르틴, 『완벽한 것보다 좋은 것이 낫다』,
이미옥 옮김, 에코비즈, 2005년, 260쪽.

DATE   .   .

몰입한 시간   :   ~   :   총   시간   **몰입도** 약 ━━━━━━━━━━━ 강

소감 및 아이디어

059

나에게 좋은 책일수록 지저분하다.

나의 생각이 빼곡히 적혀있기 때문이다.

밑줄 치고 생각을 기록하고 본문을 접어놓기도 하고

포스트잇을 붙이기도 한다.

책을 읽는 이유는 생각을 하기 위해서다.

생각하는 '상태'를 만들기 위해서 독서를 하는 것이다.

책을 읽는 행위 그 자체에 목적을 두지 말자.

책을 읽어서 생각을 하는 상태를 만드는 것, 그것에 집중하자.

복주환, 『생각정리스킬』,
천그루숲, 2023년, 169쪽.

몰입한 시간   :   ~   :   총   시간   **몰입도** 약 ————————————— 강

소감 및 아이디어

위대한 것을 창조하려면 강박적인 욕망이 필요하다.
하지만 예술의 추구가 꼭 고통스러워야 할 필요는 없다.
오히려 생기 넘칠 수도 있다. 당신에게 달렸다.

릭 루빈, 『창조적 행위』,
정지현 옮김, 코쿤북스, 2023년, 276쪽.

DATE　　　　.　　　.

몰입한 시간　　　:　~　:　　총　시간　　**몰입도** 약 ━━━━━━━━━━━ 강

소감 및 아이디어

061

당신들은 보고 있어도 보고 있지 않다.

그저 보지만 말고 생각하라.

표면적인 것 배후에 숨어 있는 놀라운 속성을 찾으라.

파블로 피카소

4장 혁신적인 아이디어를 떠올리다

_____

_____

_____

_____

_____

_____

_____

_____

_____

몰입한 시간   :   ~   :   총   시간   **몰입도** 약 ━━━━━━━━━━ 강

소감 및 아이디어

⁺062

창의적인 사고 기술을 키우려면

정신 안정 지대의 역학을 넓혀야 한다.

자신의 뇌에 생소하거나 경험해 본 적이 없는

정신 영역으로 들어가야 한다는 뜻이다.

셸리 카슨, 『유연한 뇌』
이영아 옮김, 알에이치코리아, 2022년, 53쪽.

4장 혁신적인 아이디어를 떠올리다

DATE   .   .

몰입한 시간   :   ~   :   총   시간   **몰입도** 약 ―――――――――― 강

소감 및 아이디어

⁺063

마음은 생각을 한다.
생각을 하면 얻지만
생각이 없으면 얻지 못한다

『맹자』, 「고구장구 상」

4장 혁신적인 아이디어를 떠올리다

DATE   .   .

몰입한 시간   :   ~   :   총   시간   **몰입도** 약 ━━━━━━━━ 강

소감 및 아이디어

064

'아이디어가 내려온다'는 말로 표현할 수밖에 없는,
어쩌면 인간의 영역을 초월한 것일지도 모른다.
하지만 우연과 기적이 내려오도록
미리 준비할 수는 있다.
토양을 일구어 두면 아이디어의 씨앗이 내려와
저절로 싹트고 성장하기 시작한다.
결과의 차이는 씨앗이 내려오느냐 여부가 아니라,
토양을 일구느냐 여부로 정해지는 것이다.

간다 마사노리, 『전뇌사고』,
이선희 옮김, 알에이치코리아, 2023년, 128쪽.

4장 혁신적인 아이디어를 떠올리다

DATE . .

몰입한 시간   : ~ :   총   시간   **몰입도** 약 ━━━━━━━━━ 강

소감 및 아이디어

*065

수없이 많은 무료한 반복 속에서
엉뚱하고 기발하고 신선한 창조가 이루어진다.

다이코쿠 다츠야, 『우리 뇌는 어떻게 창조하는가』,
김정환 옮김, 예문아카이브, 2023년, 94쪽.

4장 혁신적인 아이디어를 떠올리다

DATE   .   .

_____

_____

_____

_____

_____

_____

_____

_____

_____

몰입한 시간   :   ~   :   총   시간   **몰입도** 약 ———————— 강

소감 및 아이디어

✦066

창의적인 결과는 지식이나 창조적인 사고에서 오지 않는다.
몰입과 열정이 뒤따를 때 놀라운 결과를 얻을 수 있다.
오롯이 몰입하는 순간에 효율적으로 사고하게 되고
창의성이 커지기 때문이다.

한명수, 『말랑말랑 생각법』,
김영사, 2023년, 112쪽.

4장 혁신적인 아이디어를 떠올리다

몰입한 시간   :   ~   :   총   시간   **몰입도** 약 ————————————— 강

소감 및 아이디어

창의적인 생각은 대개 무의식적으로 생겨나지만
자신을 독창성과 유연한 사고가 필요한 상황으로
밀어 넣음으로써 그런 생각을 이끌어낼 수도 있다.

데이비드 이글먼, 앤서니 브란트, 『창조하는 뇌』,
엄성수 옮김, 쌤앤파커스, 2019년, 224쪽.

4장 혁신적인 아이디어를 떠올리다

DATE   .   .

몰입한 시간   :   ~   :   총   시간   **몰입도** 약 ————————————— 강

소감 및 아이디어

⁺068

한스 베테는 그를 유명하게 만든 물리학 문제를
해결할 수 있었던 요인이 무엇이냐고 묻자
"두 가지가 요구됩니다. 하나는 머리죠.
그리고 두 번째는 분명 아무런 결과도 나오지
않을 수 있는 문제에 매달려서 기꺼이
오랜 시간을 생각하면서 보내는 것입니다."

미하이 칙센트미하이, 『창의성의 즐거움』,
노혜숙 옮김, 북로드, 2003년, 77쪽.

4장 혁신적인 아이디어를 떠올리다

DATE   .   .

몰입한 시간   :   ~   :   총   시간   **몰입도** 약 ———————————— 강

소감 및 아이디어

문제만 생각하면 내 무의식이 마법처럼 '짠'하고 해답을 가지고 온다. 의식의 영역과 무의식의 영역 사이에 말로는 설명할 수 없는 무언가가 있다. 설명이 어려워서 비유하자면, 레스토랑에 들어가서 스테이크를 시킨다고 가정해 보자.

나는 손님이고 홀에 앉았다. 홀은 의식의 영역이다. 내가 스테이크를 시키자, 주방에서 요리사가 고기를 굽기 시작한다. 주방에서 일어나는 일들이 무의식이다. 홀에 앉아있는 나는 주방을 볼 수 없다. 그저 음료를 마시면서 곧 나올 요리를 상상하며 군침을 삼키면서 기다린다.

포인트는 내가 직접 요리하지 않는다는 것이다. 무의식의 영역인 주방에서 고기가 냉장고에서 꺼내져 오븐에서 구워지고, 곁들일 음식도 만들어지는 등 모든 실질적인 작업이 이뤄진다. 난 그저 레스토랑 홀에 앉아 충분한 시간 동안 스테이크 생각을 하면 완성된 요리가 '짠'하고 등장한다.

익명의 전업투자자

　이는 14일간의 강한 몰입을 한 후 몇 개월이 지나 다시 20일간 강한 몰입을 했던 전업투자자가 보낸 내용이다. 두 번의 강한 몰입을 통해 아이디어가 어떻게 만들어지는지 나름의 방식대로 서술하고 있다. 의식의 통합작업공간 이론에 의하면 우리가 어떤 문제의 답을 구하고자 생각하면 그 생각의 내용은 의식의 무대 위에 놓이게 된다. 그리고 이 내용은 무의식에 생중계된다. 생중계되는 시간이 길어질수록 관련된 장기기억의 활성화 정도가 증가한다. 여러 활성화된 장기기억이 상호작용을 하여 내가 원하는 조합의 아이디어가 얻어지면 인출이 되어 의식의 영역으로 올라온다. 그래서 몰입을 하다 보면 문제를 내가 직접 푸는 것이 아니라 무의식이 푼다는 것을 알게 된다. 따라서 문제가 풀리지 않는다고 머리를 쥐어짤 필요가 없고 충분한 시간 동안 무의식에 생중계해주면 된다. 이를 위해서 내가 할 일은 조급함을 버리고 천천히 느긋하고 편안하게 생각하면 된다.

5장

불안한 마음과
걱정을 잠재우다

069

새벽에 혼자 일어나서 주어진 문제에 몰입하다 보면
세상은 모두 잠들어 조용한데,
이 광활한 우주에 이 문제와 이 문제를 생각하는 나,
오로지 둘만 존재한다는 느낌이 들곤 한다.
자신이 도달할 수 있는 최대의 집중 상태에서 문제를 해결하기
위하여 최선을 다하고 있다는 충만감이 전해지는 것이다.
이때는 내가 그토록 바라던 최대의 지적 능력이 발휘되고 있고,
자아실현을 하고 있다는, 더할 나위 없는 만족감이 느껴진다.
태어나서 처음으로 맛보는 듯한 벅찬 행복감이
가슴속 깊은 곳에서 밀려온다.

황농문, 『몰입 확장판』,
알에이치코리아, 2024년, 201쪽.

DATE   .   .

몰입한 시간   :   ~   :   총   시간   **몰입도** 약 ════════════ 강

소감 및 아이디어

몰입 이론의 창시자라 할 수 있는 미하이 칙센트미하이는
몰입을 '플로flow'라고 명명했다.
삶이 고조되는 순간, 마치 자유롭게 하늘을 날아가는 듯한
느낌이거나 물 흐르는 것처럼 편안하고 자연스럽게 행동이
나오는 상태에서 몰입이 이루어진다는 것이다.
몰입은 의식이 경험으로 꽉 차 있는 상태이고
이때 각각의 경험은 서로 조화를 이룬다.
느끼는 것, 바라는 것, 생각하는 것이
하나로 어우러지는 것이다.

황농문, 『몰입 확장판』,
알에이치코리아, 2024년, 60쪽.

DATE   .   .

몰입한 시간   :   ~   :   총   시간   **몰입도** 약 ═══════════ 강

소감 및 아이디어

⁺071

축복받은 삶은 내가 가진 능력을 마음껏 발휘해서
뒤돌아보면 한 치의 후회가 없는 삶이다.
자신의 능력으로는 도저히 불가능해 보이는 목표에 도전하고
마침내 그것을 성취했을 때 희열을 느끼면서 발전하는,
하루하루 감동하는 삶이다.

황농문, 『몰입 두 번째 이야기』,
알에이치코리아, 2011년, 41쪽.

DATE   .   .

_____

_____

_____

_____

_____

_____

_____

_____

몰입한 시간   :   ~   :   총   시간   **몰입도** 약 ——————— 강

소감 및 아이디어

✦072

태어나서 죽을 때까지 한 번도 자기 몸을 드나드는 호흡을
의식하지 못하는 사람들이 있습니다.
이들은 그만큼 자기 자신에게서 멀리 떨어져 사는 것입니다.

비욘 나티코 린데블라드, 『내가 틀릴 수도 있습니다』,
토마스 산체스 그림, 박미경 옮김, 다산초당, 2024년, 35쪽.

5장 불안한 마음과 걱정을 잠재우다

DATE   .   .

몰입한 시간   :   ~   :   총   시간   **몰입도** 약 ════════════ 강

소감 및 아이디어

⁺073

어려움과 곤경이 없는 삶은 드물다.
그럼에도 불구하고 선택권은 전적으로 우리에게 있다.
우리는 긍정적인 태도로 매일매일 삶을
포용하기 위한 결정을 의식적으로 할 수 있다.
그러려면 아침에 일어나서 긍정적인 감정에 집중하며
삶을 스스로 결정할 수 있다는 확신을 가져야 한다.

칼 필레머, 『내가 알고 있는 걸 당신도 알게 된다면』,
박여진 옮김, 토네이도, 2022년, 317쪽.

몰입한 시간   :   ~   :   총   시간   **몰입도** 약 ——————————— 강

소감 및 아이디어

074

자신의 마음 깊은 곳에 아무도 발을 들여놓을 수 없는

고요한 산장 같은 장소를 준비해 둬라.

곤란한 일이 생겼을 때, 어떤 결단을 내려야 할 때,

자신의 길을 확인해야 할 때

그곳으로 돌아가 참된 자신의 마음과 천천히 대화를 나눠라.

헤르만 헤세, 『싯다르타』.

DATE   .   .

몰입한 시간   :   ~   :   총   시간   **몰입도** 약 ══════════ 강

소감 및 아이디어

몰입할 때 자유를 얻는 까닭은,

더는 사소하고 하찮은 일에 흔들리지 않게 되기 때문이다.

몰입하면 자유로운 까닭은,

중요한 일에 집중해 정신을 가다듬는 게

건강과 행복으로 가는 지름길이기 때문이다.

마크 맨슨, 『신경 끄기의 기술』,
한재호 옮김, 갤리온, 2017년, 213쪽.

몰입한 시간   :   ~   :   총   시간   **몰입도** 약 ⸺⸺⸺⸺⸺⸺⸺ 강

소감 및 아이디어

⁺076

사람의 기분은 몰입 상태에 이를 때 절정에 이른다.
그것은 도전을 이겨내어 문제를 해결한 뒤
무언가 새로운 것을 발견하는 순간이다.
몰입을 낳는 활동은 대부분 명확한 목표, 정확한 규칙,
신속한 피드백이라는 공통점을 갖는다

미하이 칙센트미하이, 『몰입의 즐거움』,
이희재 옮김, 해냄, 2021년, 87쪽.

DATE   .   .

몰입한 시간   :   ~   :   총   시간   **몰입도** 약 ━━━━━━━ 강

소감 및 아이디어

인생에서 추구하는 바를 결정하라.

그리고 자신이 바라는 미래의 모습을 분명히 인식해 보라.

세세한 것까지 계획을 세워 보라.

한 편의 영화처럼 처음부터 끝까지 그려 보라.

그 다음은 늘 꿈꿔오던 일을 지금 하고 있다고 상상하라.

마음의 눈으로 그것을 현실처럼 만드는 것이다.

로버트 콜리어, 『성취의 법칙』,
공병호 해제, 안진환 옮김, 북스넛, 2005년, 37쪽.

DATE   .   .

몰입한 시간   :   ~   :   총   시간   **몰입도** 약 ━━━━━━━━━━ 강

소감 및 아이디어

⁺078

당신이 두들겨 맞거나 비판을 받을 때,
가해자는 자신이 대단한 사람이라는 기분을 느끼기 위해서
그렇게 한다는 사실을 기억하라.
그런 경우는 대체로 당신이 훌륭한 일을 해냈거나
주목을 받을 만한 가치가 있는 사람임을 증명해준다.

데일 카네기, 『데일 카네기 자기관리론』,
임상훈 옮김, 현대지성, 2021년, 253쪽.

5장 불안한 마음과 걱정을 잠재우다

DATE　　　　.　　.

몰입한 시간　　:　～　:　총　시간　**몰입도** 약 ──────── 강

소감 및 아이디어

✦079

우리는 누구나 기쁨과 평화와 애정을 갖고서 하루하루를
살아가야 한다. 세월이 너무도 빠르게 흐르기 때문이다.
나는 매일 아침마다 부처님 앞에서 향을 피운다.
그리고 나에게 주어진 삶의 모든 순간들을
즐기리라고 다짐한다.
내가 하루하루 삶의 모든 순간을 즐길 수 있는 것은
의식적인 호흡과 보행을 늘 실천하기 때문이다.

틱낫한, 『화』,
최수민 옮김, 명진출판, 2008년, 110쪽.

5장 불안한 마음과 걱정을 잠재우다

DATE   .   .

몰입한 시간   :   ~   :   총   시간   **몰입도** 약 ――――――― 강

소감 및 아이디어

⁺080

우리의 존재를 소중하게 여기자.

우리 자신에게 관심을 기울이자.

강렬한 설렘을 주는 것에, 진실된 것에 주목하자.

다른 사람들에게 휩쓸려 쓸데없는 걱정을 하지 말자.

저 사람이 어떻게 말하고 생각하는지는 중요하지 않다.

로랑스 드빌레르, 『모든 삶은 흐른다』,
이주영 옮김, 피카, 2023년, 113쪽.

DATE   .   .

_____

_____

_____

_____

_____

_____

_____

_____

_____

몰입한 시간   :   ~   :   총   시간   **몰입도** 약 ━━━━━━━━━ 강

소감 및 아이디어

과거를 떠올리며 슬퍼하지 않고,

미래를 공상하며 멍해 있지 않고,

그저 '지금, 이 순간'에 마음을 전념하면,

당신의 얼굴색은 활기를 띠고

유쾌하게 활발해질 것입니다.

코이케 류노스케, 『초역 부처의 말』,
박재현 옮김, 포레스트북스, 2024년, 2016쪽.

몰입한 시간   :   ~   :   총   시간   **몰입도** 약 —————————— 강

소감 및 아이디어

✦082

참으로 중요한 일에 종사하고 있는 사람은 그 생활이 단순하다.
그들은 쓸데없는 일에 마음을 쓸 겨를이 없기 때문이다.

레프 톨스토이

5장 불안한 마음과 걱정을 잠재우다

DATE   .   .

몰입한 시간   :   ~   :   총   시간   **몰입도** 약 ━━━━━━━━━━ 강

소감 및 아이디어

✦083

사람은 뭔가를 하고 있을 때
자신이 힘 있는 존재라는 사실을 체험한다.
행동을 하고 있을 때 자신이 뭔가를 달성할 수 있는 존재,
뭔가에 영향을 미칠 수 있는 존재라는 사실을 깨닫는다.
그러니 무엇이든 하라.

보도 섀퍼, 『멘탈의 연금술』,
박성원 옮김, 토네이도, 2020년, 281쪽.

5장 불안한 마음과 걱정을 잠재우다

몰입한 시간　　　:　~　:　　총　　시간　**몰입도** 약 ━━━━━━━━━ 강

소감 및 아이디어

✦084

좋은 생각을 하면 좋은 일이 생기고,
나쁜 생각을 하면 나쁜 일이 생긴다.
건강하다고 느끼면 건강해지고,
부자라고 느끼면 실제로 부자가 된다.
평소의 생각과 느낌이 나를 만든다.

조셉 머피, 『조셉 머피 잠재의식의 힘』,
조율리 옮김, 다산북스, 2023년, 82쪽.

5장 불안한 마음과 걱정을 잠재우다

DATE   .   .

몰입한 시간   :   ~   :   총   시간   **몰입도** 약 ———————————————— 강

소감 및 아이디어

시험에 대한 극심한 불안감으로 고등학교 2학년 때 시작된 우울증은 20~30대를 거쳐 저를 꾸준히 괴롭혀 왔습니다. 30대 초반에는 어떻게든 이겨보려고 서울의 유명 신경정신과 병원들을 내원하면서 치료를 받았지만, 증상은 조금도 나아지지 않았고 저는 결국 자포자기의 상태가 되었습니다.

그렇게 시간이 흘러 우연히 『몰입』을 읽게 되었습니다. 혹시 몰입이 내 삶의 도움을 줄 수 있지 않을까 하는 막연한 기대를 품고 아침마다 새벽에 운동한 뒤, 수학 문제를 풀어보기로 했습니다. 처음에는 중학교 수준의 문제도 풀리지 않았지만, 포기하지 않고 문제를 마주하자 조금씩 문제가 풀리는 경험을 하게 되었습니다. 그것은 지금까지 한 번도 경험하지 못한 성취감과 행복함이었습니다. 그리고 시간이 날 때면 카페에 앉아 수학 문제를 풀며 슬로싱킹을 했습니다.

그렇게 1년을 보내자 나를 괴롭히던 생각들에서 조금씩 빠져나오게 되었고 조금씩 그 횟수나 강도가 줄어들기 시작했습니다.

평생 그토록 바라던 어두운 터널에서 이제야 빠져나올 수 있겠다는 느낌이 듭니다. 자신감도 회복하게 되었고, 피하기만 했던 제가 점점 능동적이고 적극적으로 태도가 바뀌었습니다.

무기력과 대인공포증, 우울증을 앓고 있는 중년 남성

5장 불안한 마음과 걱정을 잠재우다

　　나는 몰입이 우울증을 치료할 수 있다고는 생각하지 않는다. 우울증 치료를 위해서는 반드시 정신과 의사를 찾아가야 한다. 그러나 사례자와 같은 메일을 자주 받으면서 우울증을 극복하는 데 도움을 주는 행위가 몰입에 있는 걸 알게 되었다. 대표적인 것이 규칙적인 유산소 운동이다. 그리고 이 사례에서 보여주는 것처럼 적절한 도전을 하고 슬로싱킹에 의한 몰입으로 응전하고 성공 경험을 반복하면 자신감이 생기고 자존감도 높아진다. 그런 면에서 몰입이 우울증을 완화하는 데 긍정적인 효과를 미칠 수 있다고 생각한다.

인생의 의미와
목표가 무엇인지 깨닫다

죽음에 대한 통찰은 다른 사람이 죽음에 대하여
써놓은 글을 읽는다고 해서 얻어지는 것이 아니다.
자기 스스로 죽음의 의미를 가슴 깊이 사무치게 느껴야 한다.
나는 과거 영겁의 세월 동안 세상에 없었고,
앞으로 다가올 영겁의 세월 동안에도
세상에 없을 것이다.

황농문, 『몰입 확장판』,
알에이치코리아, 2024년, 272쪽

DATE   .   .

_____

_____

_____

_____

_____

_____

_____

_____

몰입한 시간   :   ~   :   총   시간   **몰입도** 약 ───────────── 강

소감 및 아이디어

⁺086

인생의 말년에 후회한다면 그 이유는 무엇일까?

이 질문에 대한 명확한 답을 찾지 못한 채 살아가다 보면

인생의 말년에 후회할 일이 생길지도 모른다.

그때 가서 아무리 쓰라린 후회를 해도 소용없다.

더 이상 만회할 기회가 없기 때문이다.

지금이라도 늦지 않았으니 인생의 말년에 후회한다면

그 이유는 무엇일지 생각해봐야 한다.

그래야만 후회 없는 삶을 살 수 있다.

황농문, 『몰입 두 번째 이야기』,
알에이치코리아, 2011년, 22쪽.

6장 인생의 의미와 목표가 무엇인지 깨닫다

DATE   .   .

몰입한 시간   :   ~   :   총   시간   **몰입도** 약 ——————————— 강

소감 및 아이디어

'어떻게 살 것인가?',

'어떻게 사는 것이 죽음과 가장 반대되는 삶인가?',

'어떻게 살아야 후회 없는 삶을 살 수 있는가?'에 대한

공통적인 답은 '능력의 한계를 발휘하고

그 한계를 넓혀가는 삶을 사는 것'이다.

즉, '자아실현'을 하는 삶이다.

생존만을 위한 삶은 최소의 구동력을 유도하지만

자아실현을 하는 삶은 최대의 구동력을 이끌어낸다.

황농문, 『몰입 두 번째 이야기』,
알에이치코리아, 2011년, 31쪽.

몰입한 시간   : ~ :   총   시간   **몰입도** 약 ———————— 강

소감 및 아이디어

⁺o88

자신의 삶이 의미 있다고 스스로 생각하는 사람은

대체로 자신의 모든 에너지를 다 쏟아야 할 만큼

어려우면서도 해볼 만한 목표,

즉 자기 삶에 의미를 주는 목표를 가지고 있다.

미하이 칙센트미하이, 『몰입 flow』,
최인수 옮김, 한울림, 2004년, 385쪽.

DATE   .   .

몰입한 시간   :   ~   :   총   시간   **몰입도** 약 ───────── 강

소감 및 아이디어

⁺089

만약 삶에 목적이 있다면 시련과 죽음에도

반드시 목적이 있을 것이다.

하지만 어느 누구도 그 목적이 무엇인지 말해 줄 수 없다.

각자가 스스로 찾아야 하며,

그 해답이 요구하는 책임도 받아들여야 한다.

그렇게 해서 만약 그것을 찾아낸다면

그 사람은 어떤 모욕적인 상황에서도

계속 성숙해 나갈 수 있을 것이다.

빅터 플랭클, 『빅터 플랭클의 죽음의 수용소에서』,
이시형 옮김, 청아출판사, 2020년, 17쪽.

6장 인생의 의미와 목표가 무엇인지 깨닫다

몰입한 시간   :   ~   :   총   시간   **몰입도** 약 ━━━━━━━━━ 강

소감 및 아이디어

⁺090

의미를 부여하기 전까지 나의 과거는 가변적인 것이다.

여기에 어떤 의미를 부여할 것인가?

비참한 과거였는가, 나를 단련시키는 과정이었는가?

무의미한 과거였는가, 유의미한 과정이었는가?

전반생이 어느 쪽이었는지 '지금의 나'가 결정하는 것이다.

그리고 이어지는 후반생을 통해 그 결정을 입증하는 것이다.

강기진, 『오십에 읽는 주역』,
유노북스, 2023년, 155쪽.

DATE   .   .

몰입한 시간   :   ~   :   총   시간   **몰입도** 약 ================= 강

소감 및 아이디어

⁺091

정말 중요한 건 이것이다. 우리는 죽는다.
때문에 잘 살아야 한다. 죽음을 제대로 인식한다면
인생을 어떻게 살아야 하는지에 대한
행복한 고민을 할 수 있다.

셸리 케이건, 『죽음이란 무엇인가』,
박세연 옮김, 웅진지식하우스, 2023년, 507쪽.

DATE　　　　.　　　.

몰입한 시간　　　:　～　　:　　총　시간　**몰입도** 약 ━━━━━━━ 강

소감 및 아이디어

✦092

지금 이 순간을 충분히 느끼고 감사하면서 살 수 있다면,

내가 세상을 떠날 때 내손을 잡고 나를 다독여 주며

나의 공포를 나눠가질 사람을 만들수 있다면,

그의 손에 내가 이제껏 들고 있던 삶의 바통을

넘겨줄 수만 있다면 죽음이 그리 두렵지 만은 않을 것이다.

그리고 죽음은 끝이 아니라 삶의 연속된 한 부분이라는

사실을 받아들일 수있다면 죽음은 오히려 내 인생을

최종적으로 완성 시키는 과정이 될 것이다.

나도 그렇게 조용히 죽음을 맞이하고 싶다.

그것이 나의 마지막 바람이다.

김혜남, 『만일 내가 인생을 다시 산다면』,
메이븐, 2022년, 274쪽.

6장 인생의 의미와 목표가 무엇인지 깨닫다

몰입한 시간   :   ~   :   총   시간   **몰입도** 약 ———————————————— 강

소감 및 아이디어

093

메멘토 모리Memento mori!

죽음을 기억하라!

삶의 마지막 순간에 자신이 어떠한 모습이기를 바라는지

끊임없이 묻고 답하는 과정에서 우리의 삶은

더욱 풍성해지고 깊은 의미를 품는다.

유성호, 『나는 매주 시체를 보러 간다』,
21세기북스, 2019년, 266쪽.

몰입한 시간   : ~ :   총   시간   **몰입도** 약 ———————— 강

소감 및 아이디어

현명하게 품격을 쌓고 교양 있게 나이가 들기 위해서는
무엇보다 독서와 사색, 그리고 자신에 대한
끊임없는 통찰이 필요하다.

강용수, 『마혼에 읽는 쇼펜하우어』,
유노북스, 2023년, 231쪽.

6장 인생의 의미와 목표가 무엇인지 깨닫다

DATE   .   .

몰입한 시간   :   ~   :   총   시간   **몰입도** 약 ━━━━━━━━━━━ 강

소감 및 아이디어

⁺095

한 걸음, 한 걸음 나아가면서
자신의 인생을 살아가는 것입니다.
문제는 어디를 향해 가느냐에 있습니다.
여기 오신 여러분들, 저마다 지금 어디를 향해서
나의 걸음을 내딛고 있는지, 하루하루를 헛되이
소모하고 있는 것은 아닌지 스스로 물으십시오.
인간은 유한한 존재라는 사실을 잊지 마십시오.
우리들의 삶이 낭비되는 일 없이, 한층 마음 맑히는 일로,
마음을 활짝 여는 일로 이어지기를 바랍니다.

법정, 『진짜 나를 찾아라』,
샘터, 2024년, 227쪽.

6장 인생의 의미와 목표가 무엇인지 깨닫다

DATE   .   .

몰입한 시간   :   ~   :   총   시간   **몰입도** 약 ─────────── 강

소감 및 아이디어

*096

누구도 자기 생의 남은 시간을 아는 사람은 없습니다.

그러니 그냥 그렇게 또박또박 살아갈밖에요.

곁에 있는 사람을 사랑하고 내가 하고 싶은 것을

충분히 하기에도 부족한 시간입니다.

그래서 우리는 스스로에게 자주 물어보아야 합니다.

나는 매일매일 충분히 사랑하며 살고 있는가?

나는 남은 생 동안 간절하게 무엇을 하고 싶은가?

이 두 가지를 하지 않고도 후회하지 않을 수 있을까?

한동일, 『라틴어 수업』,
흐름출판, 2017년, 266쪽.

_____

_____

_____

_____

_____

_____

_____

_____

_____

몰입한 시간   :   ~   :   총   시간   **몰입도** 약 ━━━━━━━━━ 강

소감 및 아이디어

⁺097

매일이 그대에게 주어진 마지막 날이라고 생각하라.

그러면 그 시간이 더 바랄 것 없이 유쾌하게 느껴질 것이다.

미셸 드 몽테뉴, 『수상록』

6장 인생의 의미와 목표가 무엇인지 깨닫다

DATE   .   .

몰입한 시간   :   ~   :   총   시간   **몰입도** 약 ━━━━━━━━━━━━ 강

소감 및 아이디어

⁺098

한 번밖에 없는 인생이니 후회하고 싶지 않습니다.

과감하게 일을 벌이는 쪽이 훨씬 재미있지 않을까요.

인생의 막을 내릴 때,

'아, 내 삶은 참으로 보람된 삶이었다'라고 느낄 수 있는,

그런 삶을 살고 싶습니다.

이노우에 아쓰오, 『일본의 제일부자 손정의』,
하연수 옮김, 김영사, 2006년. 87쪽.

6장 인생의 의미와 목표가 무엇인지 깨닫다

DATE   .   .

몰입한 시간   :   ~   :   총   시간   **몰입도** 약 ═══════════ 강

소감 및 아이디어

⁺099

시간이 언제나 우리를 기다려줄 것이라고 착각하지 말라.

게을리 걸어도 언젠가는 목적지에

도착할 날이 오리라고 기대하지 말라.

하루하루 전력을 다하지 않고는 그날의 보람은 없다.

보람 없는 날들의 반복으로 최후의 목표가 달성될리 없다.

위대한 인생은 눈에 보이지 않는 성장을 통해 만들어진다.

아르투어 쇼펜하우어, 『당신의 인생이 왜 힘들지 않아야 한다고 생각하십니까』,
김욱 옮김, 포레스트북스, 2023년, 38쪽.

6장 인생의 의미와 목표가 무엇인지 깨닫다

몰입한 시간   :   ~   :   총   시간   **몰입도** 약 ———————————— 강

소감 및 아이디어

어떤 차원으로든 앞으로 나아가거나 성장하면

기쁨과 함께 고통이라는 대가를 치를 것이다.

충만한 삶은 고통으로 충만할 것이다.

그러나 우리는 삶을 충만하게 살든지,

아니면 완전히 포기하든지

둘 중 하나를 선택할 수 있을 뿐이다.

삶과 성장을 선택하라.

그것은 변화와 죽음의 가능성을 함께 선택한 것이다.

M.스캇 펙, 『아직도 가야 할 길』,
최미양 옮김, 율리시즈, 2023년, 190쪽.

몰입한 시간　　　:　~　:　　총　시간　**몰입도** 약 ────────── 강

소감 및 아이디어

어떤 날 가장 행복한가를 돌아보니, 최선을 다한 하루였을 때 가장 큰 행복감을 느꼈습니다. 행복은 가만히 있으면 저절로 주어지는 것이 아니라, 스스로 의도적인 노력을 해야만 성취할 수 있는 것임을 깨달았습니다. 어떤 일을 하든 목표를 가지고 열과 성을 다해서 끝까지 가봐야 진정으로 깊은 행복감을 경험할 수 있었습니다. 결국 가장 깊은 곳까지 파고들어야만 절정의 행복에 다다를 수 있고, 적당히 하면 할수록 그저 그런 만족감만 얻게 된다고 생각합니다.

그러므로 저는 제가 얻을 수 있는 최고의 것을 얻기 위해 더욱 몰입에 정진하고 싶습니다.

500일간 몰입을 경험하고 보낸 메일 중에서

6장 인생의 의미와 목표가 무엇인지 깨닫다

　이 글의 발신자는 미국에서 500일 동안 몰입하며 영문학 박사와 컴퓨터과학 석사를 동시에 마치고, 2024년 6월부터 IT 기업에 근무하면서 컴퓨터과학 박사 과정을 밟고 있다. 문·이과 학위를 모두 취득한 이력도 예사롭지 않은데 일과 박사학위까지, 이 모든 것은 몰입 덕분에 가능한 일이다. 나 또한 장기간의 몰입을 체험하면서 인생의 행복에 대한 깨달음을 얻었다. 누구든 몰입도를 올리려는 의도적인 노력만 한다면 얼마든지 행복을 누릴 수 있다.

　발신자는 현재 세계적인 소프트웨어 엔지니어가 되겠다는 목표를 가지고 몰입을 실천하면서 회사의 크고 작은 문제들을 풀어내는 해결사로 활약하고 있다.

깊은 몰입을 위한 필사책

1판 1쇄 인쇄 2025년 2월 14일
1판 1쇄 발행 2025년 3월 4일

지은이 황농문

발행인 양원석 **편집장** 김건희 **책임편집** 이수민
디자인 신자용, 김미선 **영업마케팅** 조아라, 박소정, 이서우, 김유진, 원하경

펴낸 곳 ㈜알에이치코리아
주소 서울시 금천구 가산디지털2로 53, 20층 (가산동, 한라시그마밸리)
편집문의 02-6443-8904   **도서문의** 02-6443-8800
홈페이지 http://rhk.co.kr
등록 2004년 1월 15일 제2-3726호

ISBN 978-89-255-7391-5 (03190)